Óbvio oblongo
Djami Sezostre

Óbvio oblongo
Djami Sezostre

1ª edição, 2019 | São Paulo

LARANJA ● ORIGINAL

Prefácio

Céu de giz: a voz de Djami Sezostre

Acompanho a poesia de Djami Sezostre desde que o conheci em Belo Horizonte, em 1988; autor de uma poesia que me causa o estranhamento que tanto procuro na poética contemporânea; pela radicalidade criativa, pela tensão estética que carregam seus versos, pela carga de energia subversiva que a voz de sua palavra despeja no leitor; poesia que lembra Protos identitários Sinárticos/hieróglifos, Linear/Fenício, escrita Kufi dos Tuaregues/nômades, Pedra de Bensafim, na Ibérica Península berço da Flor do Lácio que roça a língua de Camões, Caetano, E. M. de Melo e Castro, a Itamar Assumpção, Tarso de Melo, Graça Pires, e Rosa Alice Branco: heráldicas/iluminadas/iluminuras, anáforas de barro/barroco, onde os construtivistas modernos, concretos, pós-concretos, de instigante herança programática/bem resolvida, beberam e bebem; poesia em exercício de voz e palavra em rito/ancestral/antropofágico devorador de carne e osso, de muitos, de outros, como estratégia de fortalecimento do espírito da voz da palavra, em transe, em trânsito pra transcendência poética; poesia que pra acompanhar a inquietação de sua voz, a desordem de sua palavra, obriga-nos a respirar fundo, a trans-pirar por todos os poros, todos os orifícios, todas as feridas, a saltar da rede armada no alpendre, com os poemas, o livro inteiro, literalmente preso aos dentes; poesia cujo sopro atiça a dor da palavra que não quer mais doer, que deveria doer pra sempre, pra dizer que não perdeu a sensibilidade, que não vai permitir morrer à míngua, única dor capaz de enfrentar o desgaste das coisas envelhecidas em nós, nas lesões que não saram, nas cicatrizes mal cerzidas: a dor de tudo que se nutre da arte e da beleza; poesia que não destrói a casca, não desgasta a poupa do vocábulo, sua matéria-prima por excelência; poesia que aproveita o líquido/sumo de sua substância bruta, extraído com sabedoria, sem desperdício, transforma em substância pura, em substância muito: viva; poesia que além do uso da tela do papel, inventa outros suportes pra cumprir-se: sobe em palco, vai à rua, bares, escolas, a outros espaços que escolhe pra derramar sua saliva, e espalhar o suor do seu ofício; poesia que dança com a palavra e a voz, em cadência de ritmo, em passos e com/passos de espera, medidos com precisão absoluta; poesia que pede passagem a diversos significados, abre caminho a outros sentidos, constrói "Girassóis no umbigo de pedra", na "Vertente do Sol", na "Faina do Passado Ausente", no presente, disposto a ser passado: a limpo, pela voz do tempo da palavra em movimento; poesia que aprendeu a não ser só: forma, sobre/tudo: linguagem, ao som de cismo, de silvo, de sino, de sins, de nãos, de notas/rotas marítimas em diálogo de búzio, com areias tomadas pela distância, em harmonia musical de marés de sal, de água, de vento em mistério de redemoinho; poesia de fios mágicos, tecidos com maestria, sem pressa de iniciante: exemplar artesania; poesia elaborada por uma poeta que sabe que a poesia é "obra de arte, entre as vertentes da literatura, a mais difícil das artes" (Valéry); poesia contrária ao discurso de sintaxe pobre/rude/deplorável, que asfixia a quem dela se aproxima, de quem não foge da espiral de fumaça da

"Mula das Topatrolas" da "Ralé dos Lhascadus", do "Balé do Boi de Fole", do "Alecrim da Besta", da "Mula do Burro", dos "Pirãpus dos Infernos"; poesia/signo/ fruto oblongo, quase esférico, *Solanum gilo*, do solário antigo, de hoje: conjunto de plantios/cultivos de *Solanum aethiopicun*, que a constituiu, a partir da terra-mãe (África), onde tudo mais começou, espalhou-se em mistério de tempo e poesia, ampliou-se no "tempo alcançado sobre o tempo" (Haroldo de Campos); poesia vertigem lúdica, em imagem de voz de palavra, girando a 360° em volta de novas combinações sintáticas, novos acertos semânticos, novas pegadas poéticas; poesia que transporta gozo às entranhas da palavra, onde ganha força o fogo da voz purificadora da própria palavra; poesia que desperta sensações visuais, auditivas, tactivas, no cansaço da voz da palavra adormecida, apagadas no arco-íris da escrita, com escassez de brilho, sem alumbramento de coriscos, sem tempestade de facas; poesia que semeia silêncio de criança, nos caroços de farinha d'água, na roça de brincadeira, no Estreito dos Mosquitos, de cujos grãos nascia apenas capim "brabo", pra encher barriga de cavalo de talo de pindova; poesia com inventário de pronúncia de "menino verde", menino nu, "menino de sua mãe", "menino Ele", o mais velho, o mais novo: "Rudá", "o menino mio", "Oirmão", a filha Jade "de saudadedada", de "desaudadejade", no "Solo De Colibri" (1997), no negrume do estrume do "Anu" (2001), nos "Arranjos de pássaros e flores" (2002), entre "Estilhaços no Lago de Púrpura" (2006), n' "O pênis do Espírito Santo" (2018), em outras páginas, em outros: livros; poesia em diálogo permanente com a voz da palavra, no alvo aceito, no alvo de acerto, no alvo certo, no alvo/ovo/óvulo: girino atravessando o túnel pra chegar ao ventre/pântano da floresta úmida onde se re/produz em poesia: "cila era de clímax", clima de clímax, "Sphinx Phoenix", em cópula com o míssil fino/grosso, de "ispinhos", de "cabeça de cobra", soltando gemidos, potencializando gritos, de voz de palavra em rebeldia: repetido gênesis; poesia que parece intricada, incompreensível, mas no fundo é: resumo de tudo, feito de voz de palavra: "Mostarda do Ventre da Mula", "Trovação do Repique da Gruta", "jogo de xadrez", "crepsida" medindo quantidade de sal nas lágrimas, de suor nas rugas, no rosto de "Mulheres carpideiras", no útero de "pássaras", no bico da "abelha, a flor na colméia Açucar", que ousa produzir néctar, procriar em velório de estação ressequida, em blocos de solo rachados, em brechas de montes e vales, em covas abertas pelo trote malvado/destruidor, do "cãocavalo...", do "cão do Diabutortu", do "ômn dos Nãocavalos", dos "Nãocachorros" a esmo/mesmo que o chão dos bichos, que a pele deles, estejam "rasgados de pedras"; poesia que se segura em pé, na prateleira, sobre a mesa, à beira da rede: "penitência", "o menino insigo", "nossa senhora da escuridão das onze mil virgens", "wD"; poesia que em resgate de memória, descobriu que "escrever é ter paixão da origem" (Edmund Jabes), é expressar ao máximo o estilo, em "ziquezague", em pronúncias amalgamadas com raízes primitivas/fundantes: "Aicannâs", "CintÇaslargyas", "Cacuriris", "macuchi-kapom", "Jê purijipu latundê javlizis..."; poesia que re/conta/recorta uma lenda, uma quase fábula: "Era uma vez": "quimera crudelíssima', em escalas sonoras, amplitudes de tinos e timbres, re/elabora co/relações de vozes de palavras aparentemente perdidas, entre versos: gene/gente, brejo/beijo, foice/ceifa, jade/sabe, e por aí: vai/pai; poesia em experimento de "pirilâpo" na voz da palavra, rasgando a couraça do verbo que dificulta a explosão da noite na palavra, que não carrega mais luz, não ilumina mais nada, guarda-se pra sempre no caroço do escuro da voz que secou; poesia que nos faz acreditar que ao final do espanto da voz da palavra em teste de lance de laço, de lince livre, de jogo de dados, consegue, como poucos, a realização pretendida: "Lince do Bicho da Seda", "Cavaira do Lince da Lontra", "Céu de Gis", em curso na branca geometria, no papel da voz da palavra; poesia que continuará, pra sempre, a provocar-me, com o alarido encantatório do cântico do seu "sabiádamanhã, bentividatarde, beijaflordanoite"; poesia pra leitores de olhos acesos, não apenas no rosto, nas costas, na nuca, onde menos se cogita acender-se um olho, mas que existe sim, disposto a observar a voz da palavra, com olhar incendiado, sem diminuição de sopro de fôlego/sôfrego, da poesia que diz a que veio: pra ficar; poesia que ao final de leitura, ficou comigo, a olhar da mureta da varanda, não sei bem pra onde, quem sabe pra muito longe, a uma antiga rua de Paris, apinhada de gente, Tristão Corbière a passeio, roupa de gala, puxando um porco; ó destino de voz de palavra, como será recebida esta poesia, tão poesia, tão minha, tão dele, tão de Djami Sezostre? Será lida como deve ser: lida, re/lida como deve ser: sentida, como deve ser: vivida, anotada como anotei, no papel, em fragmentos, aos saltos, propositalmente extasiado, pelo viés mais louco/lúcido do imaginário transgressor do "Óbvio oblongo". Só outro leitor dirá.

Rubervam Du Nascimento
Poeta e ensaísta piauiense

For rainbow Dríade, Jade, Gaia

Jadis, si je me souviens bien, ma vie était un festin où s'ouvraient tous les coeurs, où tous les vins coulaient.

Óbvio oblongo

Jadis

Jadis é para voltar azul
Eu volto para Jadis azul
E volto para a mãe azul
E quando eu volto azul
Para a mãe eu volto azul
Então para o ventre azul

Jadis é para voltar azul
Eu volto para Jadis azul
E volto para o pai azul
E quando eu volto azul
Para o pai eu volto azul
Então para o ventre azul

E quando eu volto azul
Então para Jadis azul
Jadis eu volto azul
Para o sonho, arco-íris

Com os meus olhos de Cavalo
Sphinx Phoenix

O menino verde

Era um menino verde
E o menino verde queria
Aquele menino verde

Era uma menina verde
E o menino verde queria
Aquela menina verde

O menino verde
Ou era menino verde
Ou era menina verde

Pau Brasil

Ingresia

O pai comia a mãe
E a mãe dava feito
Uma égua   aingresia oingranzéu

Assim feito
Égua a mãe dava

aingresia oingranzéu

E o pai comia a mãe ingresia ingranzéu

Um dia de repente
O filho viu a cobra coral

Arenga!

E queria ser a mãe

Mantra

O irmão tinha que ser
O que era, afinal

Afinal, ele queria o irmão
Afinal, ele queria o irmão
Afinal, ele queria o irmão

Repetia como a
Repetir um mantra

Oirmão oirmão oirmão

Mas o irmão queria
A irmã e a irmã queria

Ele

Gaia

O que pensar, então,
Se o pai esperava por
Ela como quem espera

Áspide entre uvas

O que pensar, então,
Se a mãe esperava por
Ele como quem espera

Áspide entre uvas

Assim, como a esperar
Áspide entre uvas

A filha virgem para ele
O filho virgem para ela

Sexo é sexo e sangue é água —
Água para os cachorros ao sol

A noite dos girassóis

Comeu, quando
A noite desceu, comeu

Comeu a virgem no jirau

Comeu, quando
A noite desceu, comeu

Comeu a virgem no catre

E a taramela como giras
Sóis,

E a taramela como giras
Sóis,

E a noite, de repente,

Girassóis no umbigo de pedra.
Apuizeiro. Apuizeiro. Apuizeir
o

Água

O mais novo queria o mais velho
Como se ele flor égua albatroz
O mais velho queria a mais nova
Como se ela flor égua albatroz

Como se ele flor água albatroz
Como se ela flor água albatroz

Eu fui dormir e sonhei

Era uma vez

Guará

O agregado como ninguém
A não ser ele o agregado
A agregada como ninguém
A não ser ela a agregada

O clima era de clímax

O agregado era como ninguém

Tinha um animal como
Olhos em fuga

A agregada era como ninguém

Tinha um animal como
Olhos em fuga

Assim viviam sozinhos
Mas quando dormiam

Cuidado, guará guará, lobos-guarás!

Quimera

Olha-me mas não me vês crudelíssimo
Olha-me mas não me lês crudelíssimo

Se me vês acha que me rês crudelíssimo
Se me lês acha que me rês crudelíssimo

Se me rês olhai-me mais crudelíssimo
Se me rês olhai-me mais crudelíssimo

Mais olha-me que olhais-me crudelíssimo
Como se girino na água crudelíssimo

Como se girino na água crudelíssimo
Como se girino na água crudelíssimo

O espírito do pênis crudelíssimo

Quimera crudelíssima
Quimera crudelíssima
Quimera crudelíssima

E os reis cruéis

Vento

Vamos dormir
Antes do vento

Vamos acordar
Antes do vento

Antes do vento
Vamos fechar

Os olhos e
Olhar a ovelha

Olhar a ovelha
Até perder a

Vista e viver
Ao Vento

Halo

Fala lince —
não lince
lira fala

Falo lince —
não lince
lira falo

Cavalo
Cavala

Halo —

ondmalbemtvinéctariópio

X

Xadrez

Ninguém foi capaz de voltar lá x
Ningué foi capaz de voltar lá x
Ningu foi capaz de voltar lá x
Ning foi capaz de voltar lá x
Nin foi capaz de voltar lá x
Ni foi capaz de voltar lá x
        N foi capaz de voltar lá xadrez
Ni foi capaz de voltar lá x
Nin foi capaz de voltar lá x
Ning foi capaz de voltar lá x
Ningu foi capaz de voltar lá x
Ningué foi capaz de voltar lá x
Ninguém foi capaz de voltar lá x

Xadrez

Ta

Nada me chama mais atenção e
m você, minha filha, que!

Nada me chama mais atenção e
m você, minha filha, que s
eu irmão, imagino

Ele e a sua buce ee

O corpo tinha pedras

Hemisfério

Primavera, 21 de setembro até 20 de dezembro
Verão, 21 de dezembro até 20 de março
Outono, 21 de março até 20 de junho
Inverno, 21 de junho até, de repente

Apareceu por lá um viajante vindo da Pérsia

A fazenda Onze mil virgens entrou em graça

A desgraça parecia um demônio de beleza

A notícia correu pela Catiara e chamou gente

Como o menino Jesus os três reis magos

Inverno, de repente, feito um pênis de sol

O pai eterno

Jesus Cristo Inri
Era tudo para ele

Jesus Cristo Inri
Era tudo para ela

O corpo na cruz
A hóstia de Cristo

Eterno como um Deus

O meu pai tinha a bunda mais bonita do mundo

Aurora

Uma tarde lá pela che
gada do crepúsculo O meu irm
ão chegou no cavalo com ela A mulher na garupa
a mula que ele levou para dormir com Ele como se ela
fosse uma nov
ilha e Ele como se ele fosse um nov
ilho Eu com os pensamentos
Ou na bunda dele Ou na bunda dela
passei aquela noite sem dorm
ir Apenas com as mãos no pau que desciam em c
írculos pela bunda e pelo cu e assim que o sol bat
eu na janela pela taram
ela ouvi o barulho de uma cad
ela que ele o meu Irmão traz
ia no coração como se Ela fosse uma h
iena na matilha o h
ímen de repente virou uma zona livre

Luzuli lápis

Mas diga por favor cu, Aurora

O preá

O cavalo subiu na égua
E deixou a égua embaraçada

Eu vi um preá

Procissão

Que problema tem
Ver a irmã subindo na árvor
e e ver a forquilha

Que problema tem
Ver o irmão subindo na árvor
e e ver a forquilha

Que problema tem
Ver os dois trepando na árvor
e e ver o sagrado coração de jesus

Que problema tem
Eu voyeur voyeur voyeur

Imaginar o pau de cristo
Como serpente no estandarte

O aguaceiro

Cavalo que era o meu pai
Ele vinha junto aos cavalos
Ele vinha entre os cavalos e o aguaceiro

Cavalo que era o meu pai
Ele vinha junto aos pássaros
Ele vinha entre os pássaros e o aguaceiro

Sozinho como um prascóvio

Cavalo que era o meu pai
Ele vinha junto aos pássaros
Ele vinha entre os pássaros e o aguaceiro

Cavalo que era o meu pai
Ele vinha junto aos cavalos
Ele vinha entre os cavalos e o aguaceiro

Eu sou um aguaceiro

A morta

Eu expulsei os meus pecados pela manhã
E voltei a pecar para expulsar os meus pecados
Pela manhã seguinte quando eu nascia cheio de pecados

Eu expulsei os meus pecados pela tarde
E voltei a pecar para expulsar os meus pecados
Pela tarde seguinte quando eu nascia cheio de pecados

Eu expulsei os meus pecados pela noite
E voltei a pecar para expulsar os meus pecados
Pela noite seguinte quando eu nascia cheio de pecados

Eu expulsei os meus pecados pelos dias
E voltei a pecar para expulsar os meus pecados
Pelos dias seguintes quando eu nascia cheio de pecados

Assim durante a estação das flores eu expulsei
O meu espinho para expulsar os meus espinhos
Pelo corpo seguinte quando eu nascia cheio de espíritos

Como se eu não fosse eu como se eu fosse outro
A minha mãe morta em São Pedro de Alcântara

Solo a solo

E acabou o pai
Morto enterrado e
m procissão com
o um santo O melro exumo

E acabou a mãe
Morta enterrada e
m procissão com
o uma santa A melra exumo

E acabou a casa
Viva como u
m colibri no u
mbigo de repente Exumo

Angelus no hímen Crisálidas exumo

Ogume

Eu pequei Senhor e peço perdão
Eu peço perdão porque pensei
Que ela tinha uma forquilha nas pernas
Eu peço perdão porque pensei
Que ele tinha uma forquilha nas pernas

Uma forquilha para beijar a natureza
E achar que eu sou ela a natureza como
Ela a natureza seria por exemplo

O sangue de São Sebastião, ogumeogumeogume

O apedrejador

Os cães dos Senhores o apedrejador

Ningué
mmm pode me atirar contra o apedrejador
O cão do Senhor que apedreja o apedrejador

Os cães dos Senhores o apedrejador

Ningué
mmm pode me atirar contra o apedrejador
O cão do Senhor que apedreja o apedrejador

Os cães dos Senhores o apedrejador

O lençol de sudário

Não pode falar que eu queria
Ver o fundo dele porque ele
Era homem e eu era homem

Não pode falar que eu queria
Ver o fundo dela porque ela
Era mulher e eu era mulher

Eu sou homem sendo homem
Ou sendo mulher eu sou homem

Eu sou mulher sendo mulher
Ou sendo homem eu sou mulher

Eu sendo eu sou contrário como
Sou contra sou o lençol de Sudário

Marruá

A minha irmã era tão linda
E eu levava ela para banhar

A minha irmã era tão linda
E eu levava ela para rezar

A minha irmã era tão linda
E eu levava ela como se levar

Ou para estar com ela
Era como se estivesse

Com a virgem que eu comia
Com os olhos do pênis, marruá

Marruá vai fugir
Marruá vai fugir
Marruá vai fugir

O pênis pássaro

Clima

Era uma noite de chuva, uma noite como nunca,
uma noite de chuva, uma noite como nunca,
Eu via pela janela a chuva que chovia
Eu via pela janela a noite que chovia

Era ele sim e eu achei de repente

Ou que ele era a chuva que chovia
Ou que ele era a noite que chovia

Mas era sim o meu pai como

Cavalo eu girei ela e ela — Vamos podar o roçeiral

Xangrilá

E quanto mais eu crescia
Mais eu achava que era
Esquisito tão esquisito
Que eu achava esquisito
Quem não era esquisito

Um dia achei melhor
Virar um animal e par

tir como um inseto par
a a floresta dos sonhos

Mulhermãe

Eu queria ser mesmo uma mulher
Uma mulher para beijar a sua boca
E beijando como se beija uma boca
Eu seria não a minha boca de beijos
Eu seria então ou Jesus ou Judas ou
A língua como pênis para beijar ox

Como um filho beija a mulhermãe

Pirama

eu voltei para o menino que eu fui
e voltei então para o sertão menino
e lá o menino está vivo como nunca

ele espera pela mãe que vai chegar
ele espera pelo pai que vai chegar

ele espera pela irmã que vai chegar
ele espera pela irmã que vai chegar
ele espera pela irmã que vai chegar
ele espera pelo irmão que vai chegar

ele espera por ele

Pirama

Vela

Nada é mais triste do que essa tristeza
Estar de volta e saber que o meu pai
Realmente morreu e ele não vai voltar

Nada é mais triste do que essa tristeza
Estar de volta e saber que a minha mãe
Realmente morreu e ela não vai voltar

Nada é mais triste do que essa tristeza
Estar de volta e saber que o meu menino
Realmente morreu e está sendo velado

Vivo em procissão

O

O hera
Ao redor da casa era uma festa
Era uma festa ao redor da casa
Ao redor da festa era uma casa
Era uma casa ao redor da festa
O hera
Ao redor era uma festa da casa
Era uma festa da casa ao redor
Ao redor era uma casa da festa
Era uma casa da festa ao redor
O hera

Ó Jade da minha vida Halo

A chuva

O meu pai veio uma vez de longe
Apenas para me ver e ele falou

Que eu tinha que plantar

A minha mãe veio uma vez de longe
Apenas para me ver e ela falou

Que eu tinha que plantar

Eu então passei a plantar
Eu então passei a plantar

E plantei
E plantei

Nossa Senhora da Escuridão das Onze Mil Virgens

Silêncio! Senhores, vai passar
Agora o corpo morto do meu pai
E esse corpo morto não é apenas
Um corpo morto, esse corpo morto,
É também o meu corpo que vai

Silêncio! Senhoras, vai passar
Agora o corpo morto da minha mãe
E esse corpo morto não é apenas
Um corpo morto, esse corpo morto,
É também o meu corpo que vai

Silêncio, meninos
Silêncio, meninas

Aqui vai ficar a saudade
E o filho que vaia

Socorro, Nossa Senhora da Escuridão das Onze Mil Virgens

Gênesis

Afinal, era dezembro
Dia 10 de dezembro
E não era outro dia
Era sim 10 de dezembro

Afinal, era fevereiro
Dia 17 de fevereiro
E não era outro dia
Era sim 17 de fevereiro

E a vida nascia
E a vida nascia

Era dezembro como nunca
10 de dezembro, eu era pai

Era fevereiro como nunca
17 de fevereiro, eu era pai

Pai eterno
Pai eterno

Pai, filho, espírito santo, amém!

Ocão

Eu não matei nada mas eu plantei Ocão
Um pássaro e lá onde eu plantei Ocão
O pássaro o que nasceu não é um Ocão
Sonho Ocão

Eu não matei nada mas eu plantei Ocão
Um cavalo e lá onde eu plantei Ocão
O cavalo o que nasceu não é um Ocão
Sonho Ocão

Eu não matei nada mas eu plantei Ocão
Um sonho e lá onde eu plantei Ocão
O sonho o que nasceu não é um Ocão
Sonho Ocão

Eu plantei o menino na água Ohcão

A fantasia

Eu vou beijar mas eu posso
Não apenas beijar eu posso
Sim e eu vou lamber como
Animais lambem as crias

Eu vou beijar mas eu posso
Não apenas beijar eu posso
Sim e eu vou morder como
Animais mordem as crias

Se eu beijar eu vou lamber
Se eu beijar eu vou morder

Afinal que diferença faz
Eu sou uma fantasia

O cavalo

Era quem aquele cavalo
A besta que meu pai
Metia a bunda e corria p
ela estrada

Era quem aquela cavala
A besta que minha mãe
Metia a bunda e corria p
ela estrada

Uma noite era eu
A besta pela estrada

Lirismo

Eu tinha medo de sême
ns lá nascia o meu olhar
e como lá nascia o pênis
e a sua cabeça de cobra

Eu guardei como ums
egredo a minha irmã

E a sua buceta que mijav

aoceanos de fantasia

Os Santos santos

Os Santos santos estão para sempre
No coração e como estão no
Coração os Santos santos estão para
Sempre como entes na gente
Sempre como espíritos santos eles

Assim como espíritos santos eles
Os entes santos afrodisia e lascívia
Os entes santos lascívia e afrodisia

Santos santos entram para dentro

Incêndio no sangue!

Espírito de sangue

Eu tinha comigo oásis
Não o corpo meu oásis
Não o corpo dela oásis
Não o corpo dele oásis

Eu tinha comigo oásis
O corpo de um bicho oásis
Um corpo que ninguém oásis

Tinha mas eu tinha oásis
Comigo esse corpo oásis
Como se esse corpo oásis

O meu corpo óasis o meu próprio corpo óasis

Um espírito como um pênis

Flormãe

A minha mãe saiu pelo mundo
Ela queria pedir pelo filho que
Não falava a não ser pelos dentes
Que mordiam a boca da irmã
Ela queria pedir pelo filho que
Não falava a não ser pelas mãos
Que mordiam a boca da irmã

Como dentes que mordiam
Como serpentes não a irmã

E sua boca de beijos como
Serpente aos lábios de lótus

Vadiice

O velho a velhar
A velha a velhar

O gado a velhar
E o velho a velar
A velha a velhar

O gado a velhar
E a velha a velar
O velho a velhar

A velhar como
Escaravelho

Eu a velhar

Terra

Era assim a vida lá
Ninguém era mais
Que ninguém mas
Tinha sim agregados

que viviam de meeiros

um outono um meeiro
a minha irmã virgem

a chupar como terra
o fueiro de um meeiro

A flor selvagem

Céu ninguém mexia selvagem
Céu com ela a minha selvagem
Céu mãe que andava selvagem
Céu sozinha com um selvagem
Céu rastro no rastro selvagem

Céu rastro do meu pai selvagem
Céu na cola da buceta selvagem
Céu que ele puxou san selvagem

Céu gue como jumento a flor selvagem

Jegue

O povo era prascóvio
E quem não era prascóvio
Era também prascóvio

O gado era prascóvio
E quequem não era prascóvio
Era simtambém prascóvio

O povo como gado
O gado como povo

Gente como bicho
Bicho como gente

O menino vivia alado
Como se ele fosse

O filho eterno

Prascóvio como jegue O jegue um mormaço

Salmo de Deus

O outro é marruá
O gene do outro marruá
A gente do outro marruá

A mulher do outro
Não é gente, marruá

A filha do outro, marruá
O filho do outro, marruá

O mulo na casa do outro
Adeus, taramela!   E que elixir!

Preda

Ou inferno
Ou paraíso

Lá era assim
Ou inferno
Ou paraíso

O menino
Era um bicho
A menina
Era um bicho

Era bicho
Aquela gente

Canavial
Como macega

Égua Lilith

Gênesis

Rusga

O brejo era longe e
como varar o brejo
se o brejo era longe

longe não hera a minha irmã Jadis

o brejo era mais que longe
o brejo era mais que fundo

o beijo um precipício
os corpos um vexame

e que pirambeira!

Rudá

O que você fez não se faz
Não se faz o que você fez
Não se faz o que você fez

Ele era rude como Rudá
Como rude a sua boca rude
Como rude a sua boca rude

A fala rude Rudá

Rudá, imagino, punhal o falo

Innatural

Eu dormi com a noite
E acordei com ela a noite
Como se ela a noite fosse
Você e eu estou com fome
E eu não quero a noite eu
Quero você como quero você
E eu não quero a noite eu
Quero você como quero você

Eu quero comer você
Como eu quero comer
Você eu vou comer a natureza

Eu quero beber você
Como eu quero beber
Você eu vou beber a natureza

E fim acabou a natureza innatural

Madressilva

O sapo coaxos coaxa

O irmão coaxos coaxa
Feito cipós coaxa
A esfrega da surra coaxa

O sapo coaxos coaxa

A irmã coaxos coaxa
Feito cipós coaxa
A esfrega da surra coaxa

Ele coaxos contra ela coaxa
Ela coaxos contra ele coaxa

O sapo coaxos coaxa

Nasceu a filha coaxa
Selvagem como coaxa
Novilha coaxa

A madressilva silva

Clepsidra

Eu andei por onde eu andei
E andei como anda um mineral
E cavei a terra para ser, então,
Não um ser humano, mas
Uma risca de mineral no coração

Eu andei por onde eu andei
E andei como anda um vegetal
E cavei a terra para ser, então,
Não um ser humano, mas
Uma risca de vegetal no coração

Eu andei por onde eu andei
E andei como anda um animal
E cavei a terra para ser, então,
Não um ser humano, mas
Uma risca de animal no coração

Para ser, então, um ser humano
E entrar para o ventre, água

Clepsidrar-me Clepsidra

Antifilho

Eu fui, Mãe, longe ao longe
Apenas para me ver longe
Ao longe como longe a
Lonjura eu fui longe
Ao longe e vi ele

Eu fui, Pai, longe ao longe
Apenas para me ver longe
Ao longe como longe a
Lonjura eu fui longe
Ao longe e vi ela

Ele era lindo
Como água

Ela era linda
Como água

Como água
Eu vi o meu
Olhar e

Adeus, olhos!!

Arar

Fogo a mãe chovia
E abriu o ventre fogo
E o fogo virou água

Terra a mãe chovia
E abriu o ventre terra
E a terra virou água

E abriu o ventre, ar

Vaca

Afinal, não se pode deixar
Que essa vaca fera para lá

Afinal, não se pode deixar
Que essa vaca fera para cá

Afinal, esse vaca é uma fera
Que tem pássaros se besta

E pássaros, Senhor, são pássaros!

Minuano

the menino era mesmo u
m menino bonito and diferente

the menino era mesmo u
m menino bonito and estranho

the menino era mesmo u
m esmo and diferente como

the esmo the ermo

the menino era mesmo u
m esmo and estranho como

the esmo the ermo

esmo ermo
the menino

virou vento e

Dissonâncias

O pai, senhor dos senhores, dizia
Que era ele, senhor dos senhores

A mãe, senhora dos senhores, dizia
Que era ela, senhora dos senhores

A filha, senhora das senhoras, dizia
Que era ela, senhora das senhoras

Pai, irado como a ira, dizia que ela
A filha, senhora das senhoras, era

A bastarda e não dissonâncias

Festa

Os meus amigos são também
Os meus inimagos, magos com

o irmãos,

As minhas amigas são também
As minhas inimagas, magas com

o irmãs,

Eu aprendi com eles que dever
Ia, afinal, me arrumar para a

Festa

Eu aprendi com elas que dever
Ia, afinal, me arrumar para a

Festa

Mas todos, enfim, vieram
Para a festa da fantasia, en

quanto eu mostrei o pênis de Rudá

Eumulo

Não tinha mais segredo
Apesar da mula no sangue

Não tinha mais segredo
Apesar da mula verdejada

Como sangue a água

A água para a virgem

A mula do meu pai! Eumulo

Santa Luzia

Se eu, então, aprendi a cantar
Com os pássaros, os pássaros
Me beijam como me beijam
O canto dos pássaros

Se eu, então, aprendi a viajar
Com os pássaros, os pássaros
Me beijam como me beijam
A viagem dos pássaros

Aprendi a beijar com os espelhos

Viva Santa Luzia e os olhos de Santa Luzia, Viva!

Angelus

Angelus vivia de olhar
Olhou e fim Angelus
Corria pelas terras

Angelus vivia de olhar
Olhou e fim Angelus
Corria pelas terras

Duas vezes como
Dois olhos Angelus

Benzia até buceta!

Goyas

Fui, então, para Goyas

Lá em Goyas eu e ele
O demônio do meu pai

Lá em Goyas eu e ela
A demônia da minha mãe

Lá em Goyas, afinal,
Vi uma onça no quintal

Que pastava cobras
Enquanto era noite

O demônio e a demônia
A demônia e o demônio

Se apascentavam a lua
Como linces pastavam

Um trem interior para Goyas

Cachorra

O irmão entrou, como guardião,
Noite adentro, e ardia
Como guardião, a escuridão,

A irmã entrou, como guardiã,
Noite adentro, e ardia
Como guardiã, a escuridão,

A noite como arapuca
A família, uma serpente!

Cachorros, a cachorra!

Imaginar

Se você é capaz de imaginar
O paraíso, imagine o paraíso!

Se você é capaz de imaginar
O inferno, imagine o inferno!

Sim, era o paraíso, não para
Imaginar, mas para viver

Sim, era o inferno, não para
Imaginar, mas para viver

Pero, a paz em latim vulgar

Ira

Era a ira dos animais
Mas também hera a ira
Que eu apascentei com
o um pardal em fuga

Era a ira dos animais
Mas também hera a ira
Que eu apascentei com
o um melro em fuga

e o pardal e o melro
e o melro e o pardal

O meu destino pássaro

Achas

A mãe e o pai pai o e mãe Ai
O irmão e as irmãs irmãs as e irmão O
As árvores e os pássaros pássaros os e árvores As
A terra e os animais animais os e terra A
E até os vegetais vegetais os até E
E os minerais minerais os E

O pai e a mãe mãe a e pai O
As irmãs e o irmão irmão o e irmãs As
Os pássaros e as árvores árvores as e pássaros Os
Os animais e a terra terra a e animais Os
E até os vegetais vegetais os até E
E os minerais minerais os E

Achas a natureza natutal Orgasmo

Tiziu

Ele, ignóbil, um réptil
Ela, ignóbil, um réptil

A esmo, de repente,

Um réptil, ignóbil
Um réptil, ignóbil

Azul, o tiziu mas

Ele, ignóbil, e réptil
Ela, ignóbil, e réptil

A esmo, de repente,

Safiras no tiziu...

Covarde

E que fique branco
Quando eu falo de
Um pássaro, por exemplo,
Eu não falo apenas pássaro

E que fique branco
Quando eu falo de
Um cavalo, por exemplo,
Eu não falo apenas cavalo

Afinal, eu sei exatamente
O limite de gente como você,
Gente não ente

Covarde

As ceifeiras

Olhem, então, essas nuvens
E rapinem com elas, não as
Nuvens e as chuvas que meu
Pai, a velhar escaravelho,
Tangia como pássaro
O espírito lince

Olhem, então, essas relvas
E rapinem com elas, não as
Relvas e as águas que minha
Mãe, a velhar escaravelha,
Tangia como pássara
O espírito lince

O espírito lince
Eu o filho do vento
A velhar enquanto

Dormem, aleluia, as ceifeiras.

Estrebaria

Eu rusguei pela madrugada
Que queria acordar e ver
A minha mãe na noite gralhas

Eu rusguei pela madrugada
Que queria acordar e ver
O meu pai na noite gralhas

A noite gralha era uma
Noite que repetia amanhã

Eu rusguei amanhã que
Queria acordar como um

Jesus Cristo no estrebaria

Lembrança

Afinal, Jade, ninguém sabe
O que vai acontecer amanhã

A sua face é linda
Como é linda a sua imagem n
A casa de Ovídia

Afinal, Jade, ninguém sabe
O que vai acontecer amanhã

Ema

Às vezes até euvilvia a minha mãe
Sendo feliz como ninguém jamais ser
ia às vezes ela parecia não ser ela
Sendo ela a ema que canta

Às vezes até euvilvia o meu pai
Sendo feliz como ninguém jamais ser
ia às vezes ele parecia não ser ele
Sendo ele a ema que canta

A ema da minha mãe o meu pai
A ema do meu pai a minha mãe

Eu sou a ema e sou a ema e sou a ema

Paraíso

A filha deitada é uma vergonha
Para a mãe deitada ao lado da filha

O filho deitado é uma vergonha
Para o pai deitado ao lado do filho

A família deitada é uma vergonha
Para o país deitado desde ele

Pero mais selvagem escrever
A origem mais que o fim

Peste

Eu queria olhar a minha mãe
Mais uma vez, uma última vez
Como eu queria olhar a minha mãe

Eu queria olhar o meu pai
Mais uma vez, uma última vez
Como eu queria olhar o meu pai

O meu irmão Orgair era uma
Peste como um Deus na manhã

Djami, a mãe morreu
Djami, o pai morreu

E a mulher dele

Ele não vai voltar aqui nunca mais

Eu quero voltar mas como voltar

O pai azul

O meu pai tinha um cavalo alazão era azul
Acreditem um cavalo que alazão era azul
Parecia não ser um cavalo alazão era azul
Mas um cavalo acreditem alazão era azul
Que parecia ser o meu pai alazão era azul

Era uma noite de estrelas alazão era azul

O meu pai tinha um cavalo alazão era azul
Acreditem um cavalo que alazão era azul
Parecia não ser um cavalo alazão era azul
Mas um cavalo acreditem alazão era azul
Que parecia ser o meu pai alazão era azul

Adoração

Eu adorei ver o meu pai pelado
Beijando a minha mãe na água

Eu adorei ver a minha mãe pelada
Beijando o meu pai na água

A água como um beijo entre eles
Que se beijavam como águiaáguia

A sede meu Deus

Sinais

Escrevo mas escrever
O menino é perder
O menino como se
Perde um rastro

O meu rastro como
O rastro do meu pai
Como o rastro dele
O pai do meu pai

O meu rastro como
O rastro da minha mãe
Como o rastro dela
A mãe da minha mãe

Escrever mas escrever
O menino é perder
A imagem como se
Perder um estandarte

Escrever água com-
o fogo, o potro de ar

Aos sinais os sinais

Açúcar

a flor, ou a flor não era a flor
a flor era ela, a fonte e o néctar
e também o néctar e a foz

a flor vinha pelo vento e como
ela a flor vinha pelo vento a
flor tinha gosto de água

a flor, ou a flor não era a flor
a flor era ela, a fonte e o néctar
a também o néctar e a foz

abelha, a flor na colmeia Açúcar

Osíris

Osíreis, a cabeça de Osíreis
Tem olho dentro da planta
Se Osíreis olhar ao longe
O longe ave como pássaro

Osíreis, o coração de Osíreis
Tem olho dentro da planta
Se Osíreis olhar ao longe
O longe ave como pássaro

Osíreis ave como pássaro
Se Osíreis olhar ao longe
A lonjura ave como espírito

Mais perto que longe
Quem é Osíreis se

Osíreis é um fluxo

O ente

Eu cavalo você na palavra
E não escrevo quando cavalo

Eu pássaro você na palavra
E não escrevo quando pássaro

Se escrever cavalo quando
Escrevo cavalgada no açude

Se escrever pássaro quando
Escrevo passarada no açude

O açude dentro do menino
E o menino dentro do açude

A enxurrada, de repente,
O menino morto comigo

Como ente de fogo na chuva

Ceifa

as flores antes pássaras eram elas
as flores as pássaras antes pássaras
eram elas as pássaras se elas as flores
antes flores se elas as pássaras antes
pássaras ou flores ou pássaras se relvas
se nuvens as flores as pássaras ou tal

vez elas aladas sendo elas as flores ou
aladas sendo elas as pássaras eu seria
com elas as flores as relvas com elas
as pássaras as nuvens e sendo então
o inseto eu seria a maresia do amor
a foice que foiça e a ceifa que ceifa

Estátua

Se não me azul não me terra
Sou terra e não apenas azul

Se não me azul não me planta
Sou alado e não apenas azul

Se alado e não apenas terra
Sou a viagem e sou o tempo

E não me terra sou caminho
Sendo não apenas a viagem

E não me terra sou caminho
Sendo não apenas o tempo

Se não me terra eu caminho
Sou o sonho e não o eclipse — estátua!

O plantio

Eu, o plantador de gente,
Plantei o menino na cova
E deixei ele lá na cova, plantado
Alado para dentro da terra

Eu, o plantador de gente,
Plantei a menina na cova
E deixei ela lá na cova, plantada
Alada para dentro da terra

Se eu, o plantador de gente,
Vivia de plantar gente,
Achei que devia plantar

Também os sonhos
E esperar pela noite
Para, então, dormir

E acordar pela manhã
Para regar o plantio —

A morte essa carpideira

Estilingue

Tirei, então, o meu coração
Lá de dentro da sua casa

Tirei, então, o meu coração
Para viver em paz sem ele

O meu coração que gemia
Como um passarinho, de

Repente, rasgado de pedras.

O incêndio

A mulher que era a minha mãe
Acordava com um incêndio

O homem que era o meu pai
Acordava com um incêndio

Um incêndio como aquele
Seria capaz de queimar

Qualquer filho, índigo ou não!

Mandala

Metade do desejo buceta
Tem quase metade falo seta
Todo corpo menos vagina
Todo corpo menos pênis

Metade do desejo buceta
Tem quase metade falo seta
Todo corpo mais vagina
Todo corpo mais pênis

Se menos ou mais vagina
Se menos ou mais pênis
O cu me aura como ouro

Se mais ou menos vagina
Se mais ou menos pênis
O cu me aura como ouro

Quinzewhiteblackblackwhite

Avoengo

O cachorro na eiva da ira
Feito um punhal em sangue
Ou carquejava os restos

O cavalo na eiva da ira
Feito um punhal em sangue
Ou carquejava os restos

Carquejar os restos
Feito um punhal animal
O cachorro na eiva da ira
A estropiar o destino

Carquejar os restos
Feito um punhal animal
O cavalo na eiva da ira
A estropiar o destino

O velho tinha um cajado
E era vadiagem a vadiice

Longitude

Talvez eu arribe com eles
Se arribar eu arribo para
Ceifar o que ninguém ceifa

O meu pai sempre ceifou
A mulher na esfrega do curral

A minha mãe sempre ceifou
O homem na esfrega do curral

A esfrega do curral é uma surra
E uma surra que ninguém ceifou

Com eles antes de arribar não
A lonjura das montanhas

O pardal de rapina, digo, o solo de colibri

Penitência

Ninguém pode comer antes
Ninguém pode beber antes

Mas eu sim comia antes
Mas eu sim bebia antes

E vinha então o castigo

O milharal

A ladainha

Animal

O menino era mesmo um cavalo
E quando mira na água, cavalo,
Cavalo, cavalo, cavalo, cavalo

O menino era mesmo um pássaro
E quando mira na água, pássaro
Pássaro, pássaro, pássaro, pássaro

Era uma tarde sem fim e
O menino na quebra do vento

Cavalo, cavalo, cavalo, cavalo, cavalo,
Jorrou a mira na água quando

Pássaro!

O menino índigo

Eu vivia de ouvir as palavras
Antes frases como letras
A esmo perdidas crisálidas

Eu vivia de ouvir as viventes
Antes credos como rezas
A esmo perdidas crisálidas

Se crisálidas como líricas
E vivia de ouvir as mulheres
A esmo perdidas crisálidas

Era quaresma um estorvo o menino índigo

O húmus x

Voltei com a minha boca taba
Para falar o que não falei taba

Voltei com a minha boca taba
Para falar o que não falei taba

E falei com volta da minha taba
Boca o que não falei e taba

Achei pedras ao redor da taba
Boca como achas na língua taba

E atirei contra todos taba
O húmus x do açude taba

Era uma vez um menino

Era um menino tão bonito o menino
Era tão bonito que era comum confundir
O menino tão bonito com uma menina

Afinal era ele um menino tão bonito
Que mais parecia um anjo do Senhor

E ele era tão bonito que mesmo os anjos
Olhavam-no como se olhassem não ele

O menino tão bonito mas sim
O segredo que não se revela

Zabelê

Il faut être absolument moderne

Currutela

aZ

Aicannãs, Ajuuruzs, Aamanaiés,
Anambées, Aparaai, Apiiacáss,
Apurinã, Arãapaso, Arararã,
Araaras-do-airipuanã, Arruás, Cãampas,
Assurinis-do-toocantins, Assurinis-do-xinguxi,
Avwás-cainoeiros,
Guajásja, Auetisotros,
        Baacairis, Bharás, Barasañnas,
Barél, Boroiros,
        Chxamacocos, Chiquiqtainos, Cintças-largyas,
Demnis, Deyzsanos,
        Eináuenês-nauês, Fuulniôs,

Aimgavião

Zutpaterdei zuppaterdei zupaterdei,

bY

Raiziar Filoziziar zumzumzum
 Paracatejêe-gaviãoã, Pucobiédra-gavvião,
Guajajaqras, Yguaranis, Guatós-
Gãa, Hupdaç, Ikpengq, Ingarikóó, Jambutis,
Jamamardis, Jiarauaras,
Ojavaés, Jikahuis, Jumnals, Kaapoor,
 Caniabisd, Cainganguesafira,
Caixzanas, Calalpalos, Camaiuirás, Cambebascãs,
Caimbiuás, Canaimarsis,

Apaniekcras-canaelas, Rancocamecrãas-canaelas,
 Cxanindés, Clanoês,
Caranjá, Karapiainã, Kairapootó, Karipumna,
Cãesripunas-do-hamapá, Cacuriris, Cmariris-xocósis,
Caritiyanas,

cX

Aramras-clãros, Karuazuli, Katukinaãn, Katukioina, Katxuyanau, Kaxararivli, Klaxinawá, Kaxlixóx,
Caiaepiós,
Quiriris ucã, Cojicamas,
Koruboi, Czraós Klofaínã, Creúnaquesis, Crikricatis, Kubeolã, Kuikuriooruin, Kulinavat
Madiháhó Arawáça,   Cigulinas-panopã,
Kuripakotava,
Curuaiasnha, Kwazámbya,
Marruácurap, Makutinapuã, Macuxiskis, Matipuslée, Matisgris, Manchxacalis, Meeinacosaiak, Miranhabira, Minritis-tatãpuias, Munrudurucus, Murasqkio,

Nauquásnoan, Narmbiwquaras, Numikini,
Ohfaiés Uaissz, Oromirã-uins,
Paitermiã, Pafalicures, Panaránaí
Krenhakaroreé, Piancararés, Pankaranruã, Painankaru, Parakanãjuí, Parecisjiã, Piaarintintins, Patamonatiara, Plantaxó, Pipipãzuli, Pivlrarrãs, Piratapuiasmuru, Pitanguarisizu, Poãntiguairas, Poianauaski,

dw

                                      Rixicbactas,
Çaakurabiat,
Sateresól-Maíwé, Shanenawax, Sumiruís, Sukhiiás,
Tatubajaras,
Taipaiúnas,
Taepiranpés,
Txapuias, Tzarianas,
Teregaianas, Ticunastara, Tirióspuãns, Toklrás,
Trukávil, Trumailhi, Tsumnhuns-
djapáz,

Ktucanoss,
      Tumbailalá, Tupãaris, Tupinaímbás, Tupiniquimz,
Tuiúcaskais,
Humustiinas,
    Amondauasjos,
Uaimilris-atroarils, Uaipixainaás, Uiarequemnas,
Uwassus, Urãaurás, Uakianasãans,
Xakriarbásx, Xiambioáss, Xawvantees, Xheetás,
Caiaapóos-
                                  xicrinms,
Xiipayas, Xuxkurux, Xuxkurux Kariris, Yaminawawx,
Mianomâmis, Iaualapitisretês, Ieêcuaánas, Juaruinas,
Zonmionés, Zzorósorós e Suruuarrásss...

eV

Cornfins Sarandis,
Boirboletras, Piassario da Nhambuia,
Primado do piripau, Sorgo do Margozo, Rãdiviva das Ararararas,
Andorinha dos Melros da Noite, Imbira do Imbiraçaí, Draga do Cantochão,
Pexe Cabeca de Elefoa, Koai dos Abutris, Caharahi dos Amarelos,
Jãbo da Argenita, Agaia da Vaca Verde,
Trabãbã do Fogaréu, Piramba dos Pretomorto,
Mundaréu dos Reis de Deus,
Carniça da Viola, Reengue dos Perenques,
Casario das Ruínas das Virgens dos Argentas, Tejo do Menino da sua Mãe,
Teteia dos Urukumis, Rifeiro do Corgo do Cavalo,
Caracurva, Riomar as graiz,

Vintém Dudemon, Pauperia dos Apotizeiros,
Ispantabicho, Véu das Veadeiras,
Uruvaios dos Grilos, Louva Chuva, Marmeleira do Boi, Ticotico do Riacho,
Taltus Doormelnte, Céuiz Dizebra, Verdumi do mulo, Riba Dibaxo,
Faraó dos broqueis, Santo dos Orfeus, Quimera dos Colibris,

Coxa do cocheiro cocho, Lira do Prequeté,

fU

                              Cisterna dos
ermos,
Buriti das Uvaias, Araçeira das gabirobas, O vau do
Alazão,
Aguado do arrozal, Algodão do Sertão da Farinha
Podre,
Brejo da Pizarnikeira, Frexa dos Covardis, Jiló do
Amanhã, Safra da Lualua,

Gente de Ninguém, Quebrada do quebranzol,
Cajudumininunu,

Areeiro do Paraíso, Novena do Mormaço, Currutela dos
Alados,
Grude da Ixtremunção, Meeiro do Cão, Anjo do Tupã,
Quaresmêra,
Gruta do Baile da Perdição, Roça dos Gris...

gT

Cãfua dos Ofendidos, Cachuã do Povoo, Rincão dos Vermeios,
Viela das Virgens, Ííndios dos Marrons, Baquiparí dos Tortos,
Cão dos Infezadus, Ziriara da Ventania, Igrejinha da Paioça,
                                        Odierna dos Antigos,
Tapera dos passarinhos, Poço dos pecados, Coivara das Mulas, Vertente do sol,

Juá do Araçá, Jatobá da Pedraria, Estrada das Traíras, Escama dos Cavalos,
Rudá dos Mortos, Cristo dos Infernos,
                        Olaria dos Veados, Limoeiro dos piramaens,
Gravatá do Açude, Principado dos podres, Litania dos gatos, Jaça da fome,
Virivum, O canto dos ignorantes,
Imbiá da Misericórdia, Sargaço das Estrelas, Ispia das trepeiras,

Kuazul, Vesgo dos Bonitos,
Ihngrisia dusazul, Cãaovário dos Arfliitos,
Reismungios do muundo,
Varareis,

hs

Okaimi do medo, Infermuu dos afogadios, Murmur dos pecados,
Gaiadedeus do nada,

Çeiva da Dríade, Lápis da Jade, Huvedas das Ovelhas,

Águiã do Anu, Meljataí, Ocorço da corça, Nódamanhã,
Utrizil da Aurora, Onçaria dos Bugris,
Chapada dos seixos, Messee das rezas, Zunmbida do Arraial,

Abutre do Nhambu, Sede da rãjia, Campa dos pretos,

Bejo da mãe!

Oráculo da Ateia, Zangão de Homem, Ispanta gente, Caiçara das irmãs,
Tupio da rã, Fogaréu da Noite, Briga de vento,
                      Geada do Antonte, Matomiã
da matamiã, Quarqueada do Imbuchitã, Grumuxira da jia, Pomarvo da Evaçã,

Viventes das Ondas, Surra ducoici dafoicie, Amavio da Seda, Achira das anchura...

iR

Mirimiri, Kachimir, Tramieira,
Faroíris, Soldilua, Águatirica,
Jaguario, Roçalã, Gruviã,
Humaiaia, Gayacana, Zulazuli,

Liameoz, Ispinhudiflor, Drumideira,
Jurutizee, Cangacana, Inripiaã,
Javacéu, Viandança, Lãfúcsia,
Lhamanada, Laranjoal, Cantovês,

Vastaraia, Cucuruto, Arabescardia,
Mujolodurum, Miôlodilã, Estrovesgo,
Diadugrudi, Ariata, Papacapinz,

Itaéguada, Ardiincensso, Pacujiã,
Macegaciez, Gramadilãlis, Naunoa,
Acauãziera, Ispigadipendão, Istouroditouro,

Meteaburra, Inconhadusinconhadrus, Crovadidafiga,

jQ

Livividasilga, Āoducãobesta,
Caímitira, Carvoada, Vacaiada,
Brisabis, Irizipela, Pexearacão,
Vendadodaroça, Curiamira, Kuycutira,

Priapirivila, UfadudoKondado, Kuiadamarimba,
Berimbelo, Manacravina, Damadudeimon,
Divaladã, Kintadaquinauê, Lãmprela,
Aquiraizã, Pindassilgos, Braburado,

Sagezaia, Argumin, Apeadero, Brabata, Meldimbuía,
Azucameliã, Drobadapinça,

kP

Agulhavent
o, Pastoreiado, Arembeir
a, Cururudossel, Sinuduzinfer, Imbruzi
a, Xoãgulo, Ciciodasina, Imburuçuera, Haloduxim
i, Corvodabordadaboca, Indeisdachita, Ameicheer
o, Cogofelo, Corgoíris, Arcodopódapua, Sariodigent

e, Baquearda, Usladudicalacá, Reidiestrela, Pédiistrib
u, Tribudatabaoca, Istrupicio, Fuxicaia, Pragadapeste,
Urubupi
á, Amuoduboi, Cercamiar, Pontaldotonto,
Vilududaonça, Istribio,

Astrobaio, Rixababrecha, Breeradajaca, Jucujeca,
Jurucapim, Girinodajia...

10

Nossinhora, Marmel, Treisantonti, Garapura,
Ontamãe, Malemale, Arlmadigato,
Imperagiz, Ardumi, Azedudirum, Argris, Noanoiti,
Coçacor, Nuvidiluz, Luadubreju,
Pramodinoiz, invaijá, Pasoduspretu, Rājia,
Bodidibesta, Cāodapraga, Rosarudioiri,
Oravaiodamāhā, Cachimirix, Uoxonix, Tātālis,
Boidifubá, Burduada, Braboeja,
Baquipari,

Frufruā,
Fuādepau, Cuiédiquartz,
Puxadicana, Picumādimurcegu, Ariuacaoca,
Rātataratā, Intranha, Morruduturvu, Tukumā, Rāmavila,
Meidumelro, Itapera, Liradusdardus, Bardueirada,
Graviāoducondi, Ymiāwiri,
Xōhājê, Jenipapodachuva, Marmarrom,
Guepardodagreta, Sāsāguará, Lābebaile,
Kravoporā, Anhanham, Porcoodor, Arapuādakafua,
Camarapuā, Graiadira,
Jabaladigoma,

Perodipaz,
Rutadodiabo, Barrelada,
Trastramela, Caiupirarā, Ariranhera,
Grumeeira, Cimodusino, Inxordia, Cacomera,
Macucodacuia, Extrochia, Ārimeeraā, Arcatrazis,
Otragaita,
Muiraquitā, Yōncatāzi, Fozcais, Arzuira, Ciciopā,
Romāsā, Ziguiimā,

Babafel, Babamel, Looboofeel, Looboomel, Lobalua da Coolmeia

mN

M
icomiã, Imburriã, Gaviãodioiro, Outroriogris,
Zangacaiada,
Mãiarada, Piranicho, Ribadofim, Polivate,
Otopiodacotovia,

keixumiduraio,
Relâposapo, Grelodahera,
Angudilesma, Breuriberreiro, Côclavodochão,

Rarãgruvara, Araucaxita, Xixiãnzian, Inxurraniila,
Anduracha, Rancacoice, Céudiperrus,

nM

Gravieera, Moãkruí, Zihíjoz, Bquivelã,
Õwlanxm, Çlãkrêki, Zmnykkêã, Çixãjuam,
Pliêtaqkiuri,

Piâracauês, Sionwleriks, Juiarix, Lomntruy,
Druyudamni, Potuekoçaqiu, Lejeriêta, Ímãauês,
Herimaús,

Iariminoad, Osgakripta, Iuopkrãcascarãs,
Kriigriivriiliicãs, Mwnwgrãiraí, Huerãdranminiã,
Oirouvalã, Lisísgrafa, Giragigui, Tiutez, Imziambri,

Cayuváám, Oikoekiam, Arpirapia, Ogoiãyã, Aariuãzir,

Qorwawa, Nmioyiã, Eqwraatlif, Jeniwogxo, Zqiçheeiro,
Txagnmión, Fukivauã, Orbruciãme, Mvmçãquiê,
Siqkuibantu,
Breviwloab, Hãhêtzanju, Õqxyjevdra,
Cevmodxiãndies, Juâhimãybya,

Heuãkíuiawã, Êwzrafikiliriã, Xramgruõõõíl,
Céucéucéuz...

oL

Nonada dos C
ovardes, Macabéa dos Co
vardes, Capitu dos Cov
ardes, Lori Lamby dos Cova
rdes, Onze Mil Virgens dos Covar
des, Cachaprego dos Covardes, Assim viviam nossos antepassados dos Covardes,

Fluxo da Senhora dos Covardes, Tremor da Vertigem dos Covarde
s, Xamã das Confissões dos Covardes, Trevo dos Covardes, Cruz d
os Covardes, Rimbaud dos Covardes, Rainbow dos Covardes, Alcaçuz dos Covardes,

Deus e o Diabo na Terra do Sol dos Covardes, Abaporu dos Covardes,
Buceeta dos Covardes, O cu dos Covardes, A cor da covardia dos Covardes,
Ninguém dos Covardes,

Bandeira dos Covardes, O grito dos Covardes,
Manifesto dos Covardes,
A Serpente dos Covardes, Pampulha dos Covardes,
Caju da África dos Covardes,
Praia Verde da Lonjura dos Covardes, Laranja do Condado dos Covardes,

Eu Profundo dos Covardes, Medula do Espantalho dos Covardes, Don

a Doida dos Covardes, Os Cantos dos Covardes,
Consumo dos Covardes,

Hiena em Febre dos Covardes, Geena dos Covardes...

pK

C
achua da Chapada de Azinheero, It
apera do Canto da Arapuca, Cai
ara do Rasgo da Chita, Trem
eira da Imbuía da Égua, Jiajava de Dentro da Pedra,
Noitivaga da Alma de Trapo,

Aguac
eiro do Bambu de Visgo, Buritiz
al do Cocho de Prata, Rifauna da Geada de Chuva,
Picueira do Trazfel da Onça, Lincelis do Bicho da Seda,
Montanha da Curva do Eucalipto, Gemeera do Tiziu de
Carvão,

Olaria do Limão de Imburú, Nuanoa da Estrela de
Andariema,
Kuaresma do Vento do Passo, Solsanto do Nariz de
Berilo, Umb
igo da Praia da Imbira, Minado da Fonte do Foz,
Vilvisgo da Manc
ha do Curral, Cravorá do Catulé do Sereno, Mulamu do
Murmur do Muru-

muru, Joriamirim do Jegue do Melro, Tiramela da
Doida da Fruta,
Imburisaia do Girino de Coral, Mina da Palmeira do
Riacho, Corgo d
o Animal do Cavalo, Capão do Torto do Menino, Yermo
da Fauna do Cachorro,

Pi
rambo do Meio do Nhambu, Vakada da Andira do
Anchovo, Liandur
rá da Dança da Formiga, Gravilla do Alpiste da Manhã,

qJ

Tarãrdil da Vilvirg
em do Uiramimi, Montezum do Mumtum de Monturo,
Hélice da Folha da C
uacruz, Concriz do Enxerto da Légua, Cãocavalo do
Espanta de Ninuguém,
Mirinudis da Imbira da Cabra, Pespeste do Graveto da
Águia, Txairá do Enxó da Ca
vala, Felfaro do Asazul da Nódia, Ocreville do Isquifi
do Cedro, Madona do Calvaro d
o Desejo,

Incroado da Alma de Mulher, Vertigo da Vespa do
Pirilâpo,
Mostarda do Ventre da Mula, Urina do Ananás do
Cacho,
Rioruim da Enchente da Cotovia, Ziguezague do Vento
de Bugre,
Inépito do Ingnóbil da Angunorância, Rapadura do
Mato da Cana,

Cão-cães do Cicio da Relva, Mulambo da Mulêra do
Anum,
Colibri da Roça da Entoada, Trovação do Repique da
Gruta,
Engarva do Fuzuê do Credo, Mirada da Ursa do Trigo,
Tremêra do Umbu da Juruti, F
aina do Passado do Futuro, Extravia da Estrela do
Mico, Cavaíra do Lince da Lontra,

rI

Azulão do Alrroiz, Kuruja do Kurtumi, Arrelia dos
Azedus
Crocrovila das Eguadaias, Passamedu da Comfuzão,
Acauã das Novilhaãs, O Vléu da Araflição, O cão do
Diabutortu,
A Soobra dos Assombradus, Riachunu do Rioseku,
Vilverão da Ispinheira,

A Cãibra das Viadeiras, Onço do Corgo Pepreto,
Rãpariga das Cãeschorradas,
A Jjia Perdida do Sanzoal, Hugrudi da Kotovia, Cerejal
da Terra, Kaiovalivlil,
Taipa dos Mnmaisrimbondos, Mula das Topatrolas,
Toeira das Imibiraís,

Ralé dos Lhascadus, Pirãpus dos Infrernus, A Curva da
Lua
Istrela do Pau Verde, Quebrada do Meeio, Zãobelê,
Burtitiz

A fozfonti dos Zalecrins, Mimi Mia do Cão, Gavião das
Barrelãs

Rãmaria das Rezadêeiras, Çimtura do Jilóh, Arldebarã,
Kustela de Maisçã
Treissoldionti, Virgidumaturãvi, Pedranocu,
Mamoeirodusreis, Éguaducuriscadu
A menina das Fiiitas, Curiscadu da Cantáaria, Xakra
dos Mãoxacalis, Tupipi Mirimiri

sH

O Paraíso do Pardal de Rapina, Sol do Solo de Colibri,
Tihúhúu do Caititu, Índios Sem frexas, Gudidilima,
Vaujaula dos Burrus, Besta das Mmuias, Kão dos Moinhus,
Zoozoeira do Curió, Kuruku, Deus dos Koovardis, Cruz dos Picapaus,

Quihnaó do Xpto do Inri Tpyx

Quebranti do Antanhu, Ādararira do Rioparvu, Picurimã do Tiziu
Morru dos Vinténs, Capão da Pitaya, Gaia dos Gatos de Gandanha,
Ventamira das Sereias de Astreia, Balé do Boi de Fole, Cãos dos Bichos,

Oividia, Ispírito da Mulaher, Rocaroda Roça dos Ispinhos,
Ária dos Çarandios, Istrada das Arlmas, Rodaapião do Ispia,
Ispigão do Juajó, O nariz do Triângulo, Areume do Riovil do Kunu

Caotira do Jujegui, Toatu da Cozbra, Saibiá do Fiim

Vioola da Zimbiras, Reicaído do Rumrum, Istribu da Lua da Lontra,
Lira do Peixe, Alecrim da Besta, Borda do Bordado da Booca, Céu de Giz

tG

Vaudavaca, Loadobreu, Cãodomelro, Céudaonça,
Raiodolume, Riodoruim, Rifadomel, Cravodarã,
Limãodalua, Jaudajuruti, Ciodomedo, Miradaira,
Frexadosol, Águadopã, Ervadahera, Véudonada,

Sabiádamanhã, bemtividatarde, beijaflordanoite,
Ermodosolnoermo, Ermodaluanoermo, Estrela do ermo,

Qkiritiã, Kiroõniim, Zryçizcãí, Vligriscri, Çaãlisfeel,
Vynhixórin, Honzímiá, Ytriqniuah, Vilgris Cricri do grilo,

Kyrie, Senhor, tende piedade

uF

Arauarã, anrauá, banauá, bairieê, caoxuni, kachumi,
paumari, miripoãn, uaricuãn, uaipixam, madiuaté,
macuchi-
kapom, pareci-piro, maxavi-pali, zabeji-beri, matipuí,
canamarin
catauixi, xivviquigui, yanan oroo-oroo oirioiri,
camacã cãrãrã

Jê purijipur latundê javlizis lacondê javlizis sabanê
javli-
Zis tuucaanoo caãnaã hurumi caiuá iembyá iembyé

Itanhumi Itunhemi Itenhami Itanhumi Itinhomi

Hímen da Aurora de Ouro da Mula do Burro,
Cavacanto do Cantochão do Exílio do Oti Oti

Ariquém de Nãoninguém do Maismais do Menosmenos
Xipaia Mauê da Juma do Jumo da Vila dos Quovardis

vE

Oiampi Oiaoiro Oiambi Oiaouro Oiamji Oiaaura
Bacuém Bracmum Braviluém Brikrum Graviolalā
Gravautan Ananás do Brejo do Arroz das Canárias
Ocantovil do Picapaupā de Rudá macega aquém

Seer vilvil caiapó crejeé crejaá crejií crejoó crejuum
Acacunda cracricati ofaiê puripari ocurianjoocuriango

Maipure kaxuyan miatipuā hupdá
Romā da Abóbada do Txapacura da Saracuraema
Ômn dos Nāocavalos dos Nāocachorros dos Nāogatos
Nirvana de Ninguém o jardim de Jade Ó Dríade

wD

Sereno do Jiraujia, Greta da Gruta do Visgo do Girassol,
Tiziu do Zabelê, Cotovia da Estrada do Lusco-fusco no Zigue-
Zague, Piquenique dos Cães dos Nhambus do Fero Ferido,
Azinhume do Jajambo das Palmeiras dos Catulés da Catiara,

Onze Mil Virgens Morro do Espia do Atrás de Através
Triz das Visvirilhas das Visvis Axilas do Menino Perdido

Ovídia eu sou o seu filho me acode do medo invisível
ViviaeuJadedefazerpoemaseagoraeuvivodesaudadedada

ViviaeuJadedefazerpoemaseagoraeuvivodesaudadeJade

xC

O menino é que mia e não o gato é que mia

O gato viu o menino miar e parou de miar para
O menino miar talvez apenas para ouvir o menino miar

O menino miou e o gato invés de miar virou um
cachorro
O cachorro miou e falou uma língua para o menino

O menino achou que era um gato e começou
A dormir com o cachorro

yB

O menino dormiu com a noite e sonhou com a noite
A noite deu um beijo no menino e achou que ele
O menino mio não era mais o menino mio

O menino miou e voltou a miar

A noite de repente virou uma estrela
E o menino começou a transar com a noite
Como se ele tivesse uma constelação de girassóis

A noite amanheceu e miou miou miou River Guarani

zA

Jadis, Jade

Posfácio

Muerte y nacimiento entrelazados en saudade

> *La verdadera patria del hombre es la infancia*
> Rainer Maria Rilke

Si hay algo que caracteriza el occidente es la perversa castración de libertad en nombre de la libertad. Arthur Rimbaud eligió el exilio, quizá como único y brillante autocastigo al ejercicio de la libertad libre.

Eu expulsei os meus pecados pela manhã
E voltei a pecar para expulsar os meus pecados
Pela manhã seguinte quando eu nascia cheio de pecados

Djami Sezostre es un hereje, pero un hereje como Dionisos que se vuelve Jesucristo al no poder dominarlo.

A família deitada é uma vergonha
Para o país deitado desde ele
Pero mais selvagem escrever
A origen mais que o fim

Como el Minotauro, la poesía de Djami Sezostre exige al lector valentía y habilidad como Teseo. Aun así, el problema empieza cuando nos damos cuenta que Djami es a la vez Minotauro, Teseo, Ariadna, e incluso el hilo.

Se eu beijar eu vou lamber
Se eu beijar eu vou morder

Afinal que diferença faz
Eu sou uma fantasia

El libro *Óbvio Oblongo* se transforma en una forma de autobiografía de Sezostre y nos lleva a sus libros más radicales como *Anu, Z a zero, Estilhaços no lago de púrpura*. Djami Sezostre juega y moldea el lenguaje con precisión matemática. Si bien es muy difícil por momentos darnos cuenta de los secretos, o *misterios*, que sus libros encierran, solo hace falta entregarse y leerlos como en un rito de iniciación. Un verso se mueve como una pieza de ajedrez y el siguiente verso responde con casi el mismo movimiento, buscando verso a verso el jaque mate.

El dolor de la muerte de un padre o una madre es tan potente como el amor de un hijo, y todo vuelve a empezar interminablemente el arcoíris seguirá cayendo en el luscofusco. Las lenguas nunca mueren mientras haya poesía y poetas.

Sebastián Moreno
Escritor e traductor argentino

Índice de poemas

Óbvio oblongo

21 Jadis
22 O menino verde
23 Ingresia
24 Mantra
25 Gaia
26 A noite dos girassóis
27 Água
28 Guará
29 Quimera
30 Vento
31 Halo
32 X
33 Ta
34 Hemisfério
35 O pai eterno
36 Aurora
37 O preá
38 Procissão
39 O aguaceiro
40 A morta
41 Solo a solo
42 Ogume
43 O apedrejador
44 O lençol de sudário
45 Marruá
46 Clima
47 Xangrilá
48 Mulhermãe
49 Pirama
50 Vela

51 O
52 A chuva
53 Nossa Senhora da Escuridão das Onze Mil Virgens
54 Gênesis
55 Ocão
56 A fantasia
57 O cavalo
58 Lirismo
59 Os Santos santos
60 Espírito de sangue
61 Flormãe
62 Vadiice
63 Terra
64 A flor selvagem
65 Jegue
66 Salmo de Deus
67 Preda
68 Rusga
69 Rudá
70 Innatural
71 Madressilva
72 Clepsidra
73 Antifilho
74 Arar
75 Vaca
76 Minuano
77 Dissonâncias
78 Festa
79 Eumulo
80 Santa Luzia
81 Angelus
82 Goyas

83	Cachorra
84	Imaginar
85	Ira
86	Achas
87	Tiziu
88	Covarde
89	As ceifeiras
90	Estrebaria
91	Lembrança
92	Ema
93	Paraíso
94	Peste
95	O pai azul
96	Adoração
97	Sinais
98	Açúcar
99	Osíris
100	O ente
101	Ceifa
102	Estátua
103	O plantio
104	Estilingue
105	O incêndio
106	Mandala
107	Avoengo
108	Longitude
109	Penitência
110	Animal
111	O menino índigo
112	O húmus x
113	Era uma vez um menino
114	Zabelê

Currutela

119 aZ
120 bY
121 cX
122 dW
123 eV
124 fU
125 gT
126 hS
127 iR
128 jQ
129 kP
130 lO
132 mN
133 nM
134 oL
136 pK
138 qJ
139 rI
140 sH
141 tG
142 uF
143 vE
144 wD
145 xC
146 yB
147 zA